Rituel

Maître

Sœurs & Frères

Rituel mis en forme en l'année 2009 pour l'Ordre des Francs Maçons de Stricte Observance
suivant *la traduction des rituels allemands du fonds Schröder 2/4A datés 1764*

PREPARATION DE LA LOGE DE MAITRE

Loge Maître avant réception

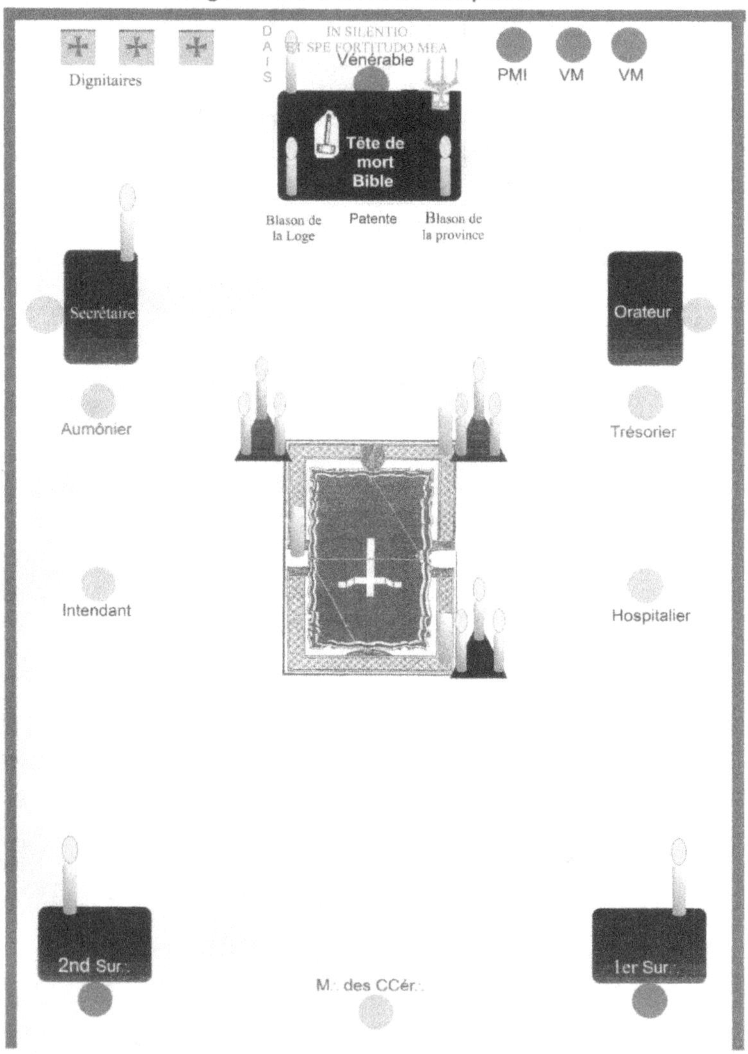

Ouverture des TTrav∴ au 3ème degré.

Travaux du 2ème ou 3ème Grade
Dans le cas de tenues spécifiques au 2ème ou au 3ème grade, les travaux peuvent être ouverts et fermés directement dans ces grades.
L'entrée en loge et la sortie se feront comme celles d'Compagnon

M∴ de Loge   Mes SS∴ & mes FF∴, l'Ordre du Jour appelle maintenant l'Ouverture des TTrav∴ au Grade de Maître.

M∴ des CCér∴, veuillez conduire les compagnons dans les salles extérieures.   S'il est prévu une élévation à la Maîtrise, le candidat sera placé dans une chambre de réflexion. Si c'est le cas : [faites vous accompagner du S∴ ou F∴ préparateur afin qu'il conduise la S∴ ou le F∴ (untel) dans la chambre de réflexion.

M∴ des CCér∴   précède les Compagnons vers la sortie du Temple.

Les Compagnons   saluent le T∴ V∴ en se plaçant entre les colonnes, sans faire les pas, font le signe d'ordre, quittent l'ordre, puis sortent en tournant sur leur droite, à pas libres.

M∴ de Loge   A mon coup de maillet la Loge est en récréation.

M∴ des CCér∴   accomplissez votre office

Musique M1

DISPOSITION DE LA LOGE
Travaux du 2ème ou 3ème Grade
Dans le cas de tenues spécifiques au 2ème ou au 3ème grade, les travaux peuvent être ouverts et fermés directement dans ces grades.
L'entrée en loge et la sortie se feront comme celles d'Compagnon

La Loge sera disposée de manière identique à celle des deux premiers grades.
Mais, les tissus de drap bleu seront remplacés par des tissus noirs ornés de larmes blanches.
Au centre de la Loge, on installera le tapis du troisième grade, avec, à la place des trois grandes lumières, trois supports surmontés chacun de trois cierges de cire jaune.
Il sera rajouté trois bougies au sol, sur ou contre le tapis.
La première sera à l'angle sud-est; la seconde à l'angle sud-ouest et la troisième au centre côté nord.

Pour les Tenues de Réception, l'emblème du grade sera accroché au mur d'Orient, au-dessus du Maître de Loge. S'il est prévu une élévation à la Maîtrise, le candidat sera placé dans une chambre de réflexion éclairée d'une seule bougie jaune.

DECORATION DES PLATEAUX

Plateau du Maître de Loge

Il sera recouvert d'un drap noir tombant au sol vers l'avant et sur les côtés.
Sur le plateau seront posées trois lumières, les deux premières à chaque angle droit, la troisième à l'angle avant gauche.
Un chandelier à trois branches occupera le quatrième angle.
Au centre, vers l'occident, il y aura une Bible ouverte à la page du Prologue de l'Evangile selon Saint Jean, tournée de façon à être lue venant de l'Occident.
Le rituel du jour et un maillet seront posés à portée de main du Maître.
Une tête de mort sera placée à droite de la Bible.
A l'avant du plateau et face à l'occident, il y aura à droite l'emblème de la Loge, au centre sa patente de création et à gauche, l'emblème de la Province.

Plateau des Surveillants　　Les Surveillants disposeront chacun du rituel du jour, d'un maillet et d'une lumière.

Plateau du Secrétaire　　Le Secrétaire disposera d'une lumière et du nécessaire à son office.

INSTALLATION

<u>Après une ouverture</u> aux grades précédents la Loge sera mise en récréation pendant le temps des préparatifs.

Musique M1

Le mobilier de la Loge étant disposé, le Maître des Cérémonies, disposera et allumera les lumières plan page 2.　　Il n'y aura aucune autre lumière dans la Loge, hors celles qui seraient indispensables à la lecture des rituels.

<u>Les jours de réception</u> seulement, le M∴ des CCér∴ accrochera l'emblème du grade au mur d'Orient, au-dessus du Maître de Loge.
Il disposera le coussin sur lequel le candidat s'agenouillera pour son obligation.
Les cierges de cire jaune (sur les colonnes) autour du tapis seront éteints

Lorsque les Frères et Sœurs se sont réunis (parmi lesquels ne doivent se trouver ni Apprenti, ni Compagnon), qu'ils ont mis leurs tabliers, le Maître monte en chaire, pose son épée sur la bible.

<u>M∴ de Loge</u>	A mon coup de mailler les TTrav∴ reprennent force et vigueur. A l'ordre, Mes SS∴ & mes FF∴.
<u>SS∴ & FF∴</u>	font le signe de compagnon en entier sans se remettre à l'ordre.
<u>M∴ de Loge</u>	1er Sur∴, quelle heure est-il?
<u>1er Sur∴</u>	Il est midi sonnant.
<u>M∴ de Loge</u>	2nd Sur∴, quel est le devoir du 2nd Sur∴?

2nd Sur∴   De voir si les portes sont fermées, les profanes éloignés et si tout est en ordre.

M∴ de Loge   2nd Sur∴, vaquez à votre devoir.

2nd Sur∴   dégaine son épée, va et regarde si les portes sont fermées, si la Loge est couverte et si tout est en ordre.   A son retour, il rengaine son épée, revient se mettre en place et dit:
Vénérable maître, les profanes sont éloignés, les portes fermées et tout est en ordre.

M∴ de Loge   1er Sur∴, comment vous nommez-vous ?

1er Sur∴   Cassia

M∴ de Loge   2nd Sur∴, êtes-vous franc-maçon?

2nd Sur∴   Eprouvez-moi, si j'en suis un.
Il fait les signes complets de Maître Maçon : signe d'horreur et signe de détresse.

M∴ de Loge   1er Sur∴, est-ce l'heure propre pour ouvrir la Loge?

1er Sur∴   Oui, c'est l'heure propre.

M∴ de Loge   J'ouvre donc la Loge au nom des Supérieurs des Loges Réunies, par le nombre sacré, avec toutes les marques d'honneur de la maçonnerie.

M∴ de Loge   ⚒ ⚒ ⚒ ⚒ ⚒ ⚒ ⚒ ⚒ ⚒

1er Sur∴   ⚒ ⚒ ⚒ ⚒ ⚒ ⚒ ⚒ ⚒ ⚒

2nd Sur∴   ⚒ ⚒ ⚒ ⚒ ⚒ ⚒ ⚒ ⚒ ⚒

M∴ de Loge   La Loge est ouverte.

SS∴ & FF∴ dégainent leurs épées, les tiennent en main droite, pointe vers le sol et restent debout.

M∴ de Loge   observe quelques secondes de silence .   Mes SS∴ & mes FF∴, prenez place.

SS∴ & FF∴ rengainent leurs épées et s'assoient.

La tenue se déroule suivant l'ordre du jour

Réception d'un Maître

Loge Maître réception

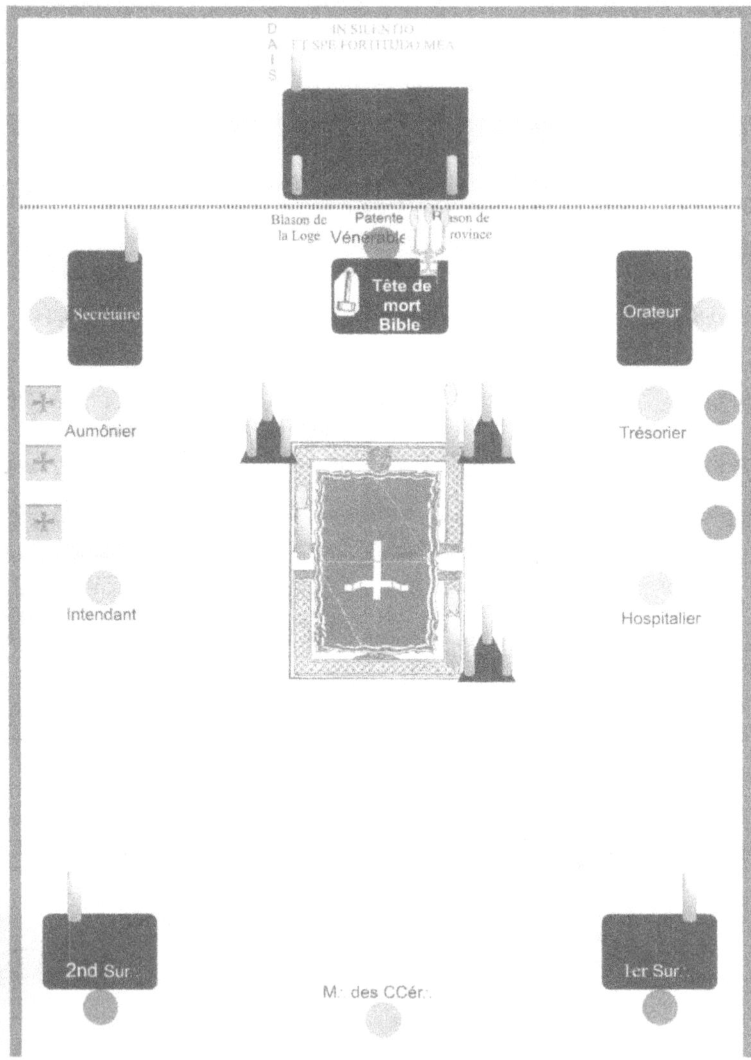

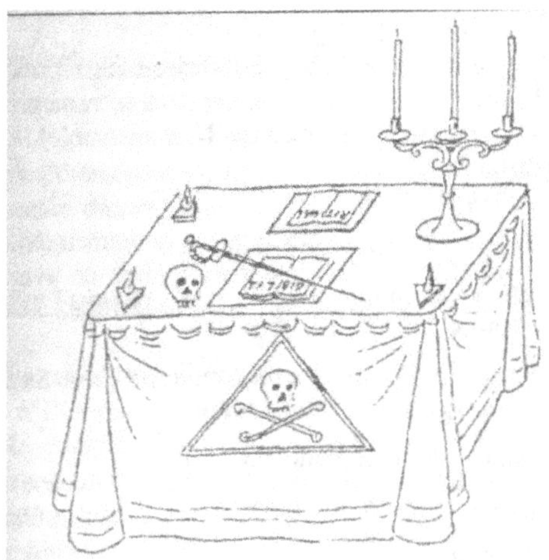

M∴ de Loge   Mes SS∴ &mes FF∴, le Compagnon N … N … doit être avancé au rang de Maître en raison de sa conduite.   Préparateur allez préparer le candidat en lui posant les questions suivantes:

Demandez-lui s'il a bien empli jusqu'à présent et de toutes ses forces les devoirs qui lui incombent en qualité de maçon et de citoyen ; s'il se soumet à un silence inviolable ; s'il a vis-à-vis de ses Frères et Sœurs une amitié sincère et s'il a su se montrer généreux et bienfaisant envers tous les hommes.

Demandez-lui s'il accepte de continuer à se soumettre aux ordres de ses Supérieurs et s'il accepte qu'ils le conduisent dans les voies de la maçonnerie.

Demandez-lui s'il veut toujours se soumettre aux sanctions d'éventuels délits, même ceux que l'Ordre pourrait lui attribuer.

Préparateur   sort et va interroger le candidat
Il s'agit du Frère Préparateur. Il sera utile d'éviter d'employer à ce poste le M∴ des CCér∴ ou un Sur∴ pour éviter des confusions à l'entrée de l'Compagnon.

Musique M Réc 1

M∴ de Loge   M∴ des CCér∴, Veuillez éteindre les lumières, vous les remplacerez par les 3 lumières du chandelier à trois branches et les 3 petites lumières autour de la représentation. Veuillez tirer les rideaux noirs de l'Orient. Préparez le petit plateau devant la représentation. Puis vous disposerez au sol et dans l'état requis, le plus jeune de nos V∴ Maîtres qui symbolisera notre R∴ M∴ HIRAM.

M∴ de Loge   descend et s'installe sur un petit plateau ou se trouve la bible et la tête de mort, et sur lequel est allumé le chandelier à trois branches.
Il prend son maillet, son rituel

M∴ de Loge   pendant ce temps, fait procéder à la lecture du catéchisme avec les plus jeunes Compagnons, à défaut les plus jeunes Maîtres.

Compagnon   arrive devant la porte du Temple, -

Fin Musique M Réc 1

M∴ de Loge   1er Sur∴, allez voir qui est là.

1er Sur∴   va à la porte, l'entrouvre et demande :   Qui est là?

Préparateur   Un Compagnon qui souhaite avec le plus grand désir et le plus grand bonheur devenir Maître.

1er Sur∴   referme la porte: C'est un compagnon qui souhaite avec le plus grand désir et le plus grand bonheur devenir Maître.

M∴ de Loge   Demandez-lui comment il se nomme.

1er Sur∴   entrouvre la porte et demande: Comment vous nommez-vous ?

Compagnon   Thubalcaïn

1er Sur∴   referme la porte, regagne sa place :   Il se nomme Thubalcaïn.

M∴ de Loge   Quel est son âge ?

1er Sur∴   Quel âge avez-vous ?

Compagnon   Moins de sept ans.   *La réponse pourra être soufflée par le Préparateur*

1er Sur∴   Il a moins de sept ans

M∴ de Loge   Mes SS∴ & FF∴ formez la Loge

SS∴ & FF∴   se lèvent et vont en silence se placer sur deux rangs au nord et midi du tapis.   Un Frère s'allongera sur le tapis, tête à l'occident.
Il sera recouvert du drap mortuaire avec un linge teint couleur sang près de la tête.
        Dès que les SS∴ & FF∴ sont en place.

M∴ de Loge   faites entrer le candidat, pointe de l'épée sur la poitrine.

1er Sur∴   ouvre la porte.

Préparateur   fait entrer le candidat à reculons en lui tenant la pointe de l'épée dirigée sur le cœur.   Il l'arrête entre les Surveillants.
Il retourne discrètement à sa place et s'assoie sans signe.

Musique M Réc 2

M∴ des CCér∴   prend l'épée et le chapeau du Compagnon et les porte à l'orient.

1er Sur∴, précédé du **M∴ des CCér∴**   font faire un premier tour de Loge au compagnon, en commençant par le nord, en tenant le candidat de telle façon qu'il soit toujours dos au tapis.
Lorsqu'ils sont revenus à l'occident.   **Fin Musique M Réc 2**

M∴ de Loge   A l'ordre au premier grade.

SS∴ & FF∴   exécutent le signe d'apprenti.

Musique M Réc 3

1er Sur∴, précédé du **M∴ des CCér∴** font faire un deuxième tour de Loge au compagnon, en commençant par le nord, en tenant le candidat de telle façon qu'il soit toujours dos au tapis.

M∴ de Loge   A l'ordre au deuxième grade.

SS∴ & FF∴   exécutent le signe de compagnon.

Musique M Réc 4

1er Sur∴, précédé du **M∴ des CCér∴** font faire un troisième tour de Loge au compagnon, en commençant par le nord, en tenant le candidat de telle façon qu'il soit toujours dos au tapis.

M∴ de Loge   A l'ordre au troisième grade.

SS∴ & FF∴   exécutent le signe de Maître et regagnent leur place.

M∴ de Loge   Par votre bonne conduite et la confiance que vous avez gagnée auprès de vos SS∴ & FF∴, vous avez amené la Loge à la décision de vous dévoiler aujourd'hui un triste et important secret.
La couleur de la Loge et tout ce qui vous entoure révèle la raison de notre douleur. Ces tristes restes vous le montreront clairement.

1er Sur∴   tourne le candidat vers l'orient et lui montre le drap recouvrant un mort.

M∴ de Loge   1er Sur∴ montrez-lui comment passer pour qu'il fasse de même.

Musique M Réc 5

1er Sur∴   Surveillant se place devant le tapis, avance le pied gauche au centre du côté nord et ramène le pied droit.
Il fait un second pas, pied droit puis gauche vers le centre du côté sud, ensuite un troisième pas, pied gauche puis pied droit au centre de l'orient du tapis.
A chaque pas, les pieds forment une équerre.

Compagnon   reproduit exactement les mêmes pas.

1er Sur∴   le conduit ensuite devant le plateau du M∴ de Loge.

M∴ de Loge   se lève, prend la main droite du candidat et la pose sur la Bible.
Il lui prend la main gauche et la pose sur la tête de mort.

M∴ de Loge   Je vais vous lire la formule du serment de Maître.

M∴ des CCér∴   Pendant la lecture, enlève le drap mortuaire.

Frère   qui occupait la place du mort rejoint sa place en silence.

M∴ de Loge   Moi, N … N …, jure devant Dieu, le Tout Puissant Créateur du ciel et de la terre, et sur les anciens devoirs de l'Ordre, aussi vrai que je suis dans cette Loge juste, que tout ce que je vais entendre, voir et ressentir ne sera dévoilé à quiconque, ni aux apprentis, ni aux compagnons, ni même à des amis et que je ne les découvrirai pas devant un autre Maître avant d'avoir été mis à l'épreuve par les questions d'usage, ou avant que je ne devienne un Maître reconnu.

Je jure de respecter tout ceci et de me soumettre aux châtiments auxquels j'ai souscrit lorsque je suis entré dans l'Ordre, et lesquels devoirs j'ai pu accomplir grâce à l'aide de Dieu et que je continuerai à accomplir fidèlement, loyalement jusqu'à mon dernier soupir.

M∴ de Loge   Etes-vous prêt à prêter serment définitivement ?

Compagnon   répond par l'affirmative.

M∴ de Loge   La parole que vous m'avez donnée est la caution authentique de la préservation du secret de la triste histoire de la mort de notre Maître Hiram.
Répétez après moi
Moi, N … N …, jure devant Dieu, le Tout Puissant Créateur du ciel et de la terre, et sur les anciens devoirs de l'Ordre, aussi vrai que je suis dans cette Loge juste, que tout ce que je vais entendre, voir et ressentir ne sera dévoilé à quiconque, ni aux apprentis, ni aux compagnons, ni même à des amis et que je ne les découvrirai pas devant un autre Maître avant d'avoir été mis à l'épreuve par les questions d'usage, ou avant que je ne devienne un Maître reconnu.

Je jure de respecter tout ceci et de me soumettre aux châtiments auxquels j'ai souscrit lorsque je suis entré dans l'Ordre, et lesquels devoirs j'ai pu accomplir grâce à l'aide de Dieu et que je continuerai à accomplir fidèlement, loyalement jusqu'à mon dernier soupir.

Compagnon   frappe, en guise d'acquiescement, un léger coup de paume sur la Bible.

M∴ de Loge   Ecoutez cette histoire, le cœur empli de compassion

Les SSur∴   font reculer le récipiendaire devant le tapis et se tiennent de chaque côté en arrière.

M∴ de Loge   quitte sa chaire et se place devant lui, maillet d'une main et rituel de l'autre.
Ma Sœur (Mon Frère), n'est-ce pas la vérité ?
Nous croyons rencontrer un splendide édifice après avoir vu dans les deux premiers grades tant outils et d'ébauches pour bâtir une œuvre magnifique.
Souvenez-vous des premières leçons qui vous ont été données en Loge : que tout disparaît telle la flamme que nous avons d'abord aperçue.
Ma Sœur (Mon Frère), je dois vous avouer que je ne peux vous faire connaître que des événements désagréables.
Deux Compagnons furent mécontents de n'avoir pas le salaire de Maître.

Ma Sœur (Mon Frère), nous devons savoir que, lors de l'immense construction du Temple, il y avait tant de Maîtres, de Compagnons et d'Apprentis qu'aucun d'eux ne pouvait prétendre au salaire de l'autre, qu'aucun mot, signe et attouchement ne pouvait être divulgué comme cela se fit plus tard.

Ces deux scélérats donc, avaient déjà présenté à notre vénérable constructeur Hiram une demande d'avancement au rang de Maître mais n'avaient pas eu cet avancement en raison de leur arrogance.

Ils étaient arrivés à la méchante et intrépide résolution de parvenir à ce but par la violence.

Ils savaient qu'ayant les signes de Maître, ils pourraient, fondus dans la masse des ouvriers, obtenir tout ce qu'ils voudraient.

C'est ainsi qu'un soir, après la fermeture du chantier, le Maître Hiram se retrouvait seul.

Ils exigèrent de lui qu'il leur donne l'attouchement, le signe et le mot de Maître.

Alors qu'il s'y refusait, tout comme il refusait d'entendre leurs propos menaçants, l'un deux entra dans une telle colère qu'il le frappa …

M∴ de Loge   A ce moment, interrompt son récit et donne un coup de maillet sur le front du récipiendaire, et de ce même maillet, un coup sur sa propre tête.

… le Maître voulut alors se rendre à la porte, mais comme elle était fermée, ils le poursuivirent et lui donnèrent le deuxième coup …

M∴ de Loge   arrête son récit et donne un deuxième coup de maillet sur la tête du candidat.

… ce deuxième coup l'étourdit, mais il parvint à atteindre la porte de l'orient où il reçut le troisième coup qui lui coûtât la vie.

M∴ de Loge   donne un troisième coup de maillet.

Les SSur∴   se saisissent du candidat et l'allongent sur le tapis, les mains croisées sur la poitrine, main droite au-dessus, les jambes croisées, pied droit au-dessus.
Ils lui posent un chiffon taché de sang sur les yeux et le drap sur la poitrine avec une branche verte au-dessus.

M∴ des CCér∴   allume les trois lumières au sol autour du tapis et le chandelier à trois branches.
Il éteint toutes les autres lumières.

Musique M Réc 6

Après cela, le Maître demande au Premier Surveillant :

M∴ de Loge   s'adressant au 1er Sur∴ Qu'est-il arrivé à notre Maître Hiram ?

1er Sur∴   Il est abattu, il est mort.

M∴ de Loge   Est-il vraiment mort ?

1er Sur∴   Oui, il est vraiment mort.

M∴ de Loge   Ainsi, nous allons partir à la recherche de sa dépouille, voir si on peut la retrouver.

1er Sur∴   *suivi des Surveillants font un tour autour du Tapis, en partant par le midi. Lorsqu'ils sont revenus à l'orient*

M∴ de Loge   Ici, je vois un tas de terre qui semble avoir été fraîchement remuée.   Ce cassia paraît y avoir été mis comme un repère.
Ici, il y a une main …   2nd Sur∴, allez voir s'il est vraiment mort.

2nd Sur∴   s'approche du tapis côté nord, se penche, et donne l'attouchement d'apprenti.   La chair se détache des os.

1er Sur∴   donne l'attouchement de compagnon, côté sud: Les os quittent la chair.   Il est vraiment mort.

M∴ de Loge   Puisque vous ne pouvez pas soulever ce corps mort, je vais le tenter avec les cinq points de la maîtrise.
     Mais comme le mot de maître est peut-être perdu, nous allons auparavant convenir que le premier mot et signe que nous ferons en découvrant notre maître seront les nouveaux mots et signe de maître.

Les SSur∴   enlèvent le drap et le chiffon et le Maître relève le corps par les cinq points de la maîtrise.
     Tous les Frères et Sœurs tracent le signe d'horreur et s'écrient :

SS∴ & FF∴   Mak Benak

Musique M Réc 7

M∴ de Loge   retourne à son plateau à l'orient

M∴ des CCér∴   dispose le temple comme pour l'ouverture y compris les lumières.

Fin Musique M Réc 7

M∴ de Loge   M∴ des CCér∴ vous exécuterez les signes et attouchements avec notre nouveau maître pendant que je donnerai les explications.

Les Signes   Signe d'horreur: faire l'équerre avec la main droite, l'élever horizontalement à la hauteur de la tête et appuyer le bout du pouce sur le front, la paume renversée (reculant le pied gauche et tenant le bras gauche renversé à la hauteur de la tête), et descendre ensuite dans la même position au-dessous de la poitrine en mettant le bout du pouce dans l'estomac ; ce qui est le signe de repos.
Signe de détresse: porter les deux mains jointes au-dessus de la tête, de manière que la paume de la main regarde vers le ciel et crier: « A moi, les Enfants de la Veuve »
A ces mots, tous les véritables maçons qui se trouvent là doivent venir à votre secours ; on ne fait ce signe que dans quelque péril. Il a été tiré de ce que la veuve d'Hiram voyant son fils assassiné fit ce signe en disant à tous les maçons de venir à son secours. Depuis ce temps, tous les maçons regardent cette veuve comme leur mère.

<u>**ATTOUCHEMENTS**</u>   L'attouchement de Maître se fait en passant le pouce droit entre le pouce droit et l'index de celui que l'on touche, en lui embrassant le dedans du poignet avec les autres doigts écartés et peu pliés en forme de serre, de façon que le doigt du milieu appuie sur le dedans du poignet ; on se joint ensuite corps à corps et on s'embrasse comme il est expliqué ci-devant.

<u>**MOTS**</u>   Le mot sacré est **MAK BENAK**, il ne se prononce qu'en Loge
        Le mot de passe est : **GIBLIM**

<u>**M∴ de Loge**</u>   Après qu'Hiram fut tué, ils le transportèrent jusqu'au mur le plus éloigné du Temple et comme ils avaient la volonté de l'éliminer complètement, ils couvrirent le corps de terre et plantèrent dessus une branche de cassia.
Le lendemain, alors que les ouvriers s'étaient réunis, il manquait le maître Hiram.
Le roi Salomon, très embarrassé de la perte de son architecte, donna l'ordre de tout fouiller, mais en vain.
On ne le trouva pas jusqu'à ce qu'un jour, des ouvriers voulurent prendre une clé de voûte qui se trouvait sur le dessus d'un amas de terre où elle avait été jetée par mégarde.
En montant sur ce tas de terre pour prendre cette clé de voûte, ils se heurtèrent à cette branche de cassia qu'ils prirent pour un arbuste auquel ils voulurent se tenir.
Il se détacha de la terre et des ouvriers s'aperçurent qu'il n'avait pas de racines.
C'est alors qu'il leur vint à l'idée que cet arbuste pouvait représenter quelque chose.
On chercha et l'on trouva la dépouille du défunt Maître assassiné.
Le roi Salomon, très affecté par la mort de son architecte, ordonna aux ouvriers du Temple de porter le deuil et dressa un monument somptueux.

Musique M Réc 8

<u>**M∴ des CCér∴**</u>   conduit le nouveau reçu à la gauche du Maître.

 <u>**M∴ de Loge**</u>   lui enlève le tablier de compagnon et lui ceint le tablier de Maître.
Il lui rend son chapeau et son épée   Je vous rends votre épée.   Ne vous en servez que pour défendre votre honneur et vos SS∴ & FF∴ si vous en êtes requis.
Je vous rends votre chapeau que vous continuerez à porter en Loge.

<u>**M∴ des CCér∴**</u>   conduisez notre Frère à l'occident pour entendre l'explication du tapis. Il conduit le nouveau maître à l'occident face au tapis et regagne sa place.

<u>**M∴ de Loge**</u>   Orateur, vous avez la parole.

<u>**Orateur**</u>   Ma Sœur (Mon Frère), le tapis que vous voyez devant vous et que je vais vous expliquer sur l'ordre de notre vénérable Maître comporte des objets qui sont aussi importants que singuliers. Dans le grade de la maîtrise auquel vous accédez aujourd'hui, vous ne vous attendiez sans doute pas à ce que notre vénérable Maître vous conte le triste destin de notre édifice. Oui, sans doute préférez-vous celui qui a été construit auparavant, avec son temple, ses murs et ses portes déjà édifiés. Croyez que ce sont des secrets internes à notre Ordre qui nous y ont préparés plutôt qu'une contradiction lorsque vous voyez qu'il y a encore tant de travail dans le

Temple alors que le Maître est mort et que, par sa mort, l'effondrement de l'édifice entier du Temple soit un préjudice à déplorer.   Ma Sœur (Mon Frère), seule déjà cette contradiction n'est qu'une apparence.   La vérité est devant vos yeux et on trouve sans doute plus de choses qu'il n'existe de capacité à l'imaginer.

Mais ces couvertures allégoriques et ces voiles au travers desquels vous ne percevez pas l'essentiel se trouvent sur ce tracé de notre grade de maître dont nous n'entretenons pas sans raison le secret.   Accordez-moi maintenant, Ma Sœur (Mon Frère), toute votre attention et revenez d'abord avec moi sur tout ce qui a été entrepris lors de votre réception.   Les secrets proviennent d'un temps immémorial et les plus déterminants ne sont que le plus haut degré de notre Ordre Intérieur.

Les questions qui vous ont été ainsi posées dans la chambre de préparation sont d'une telle nature qu'elles n'étonnent pas seulement celui à qui elles sont destinées mais qu'elles sont également une référence absolument nécessaire à la situation de l'Ordre.

Il est tout à fait normal, Ma Sœur (Mon Frère), que les manquements aux règles de notre Ordre entraînent les châtiments auxquels se soumet volontairement tout candidat lors de son admission.   Les plus scrupuleux Maîtres deviendraient sans foi, infidèles, s'ils ne s'y tenaient pas.

Sur des âmes nobles, sensibles, ces châtiments ont un effet salutaire.

Sur des âmes moins fortes, elles donnent lieu à haine et ressentiment.

Voyez, trouvez, Ma Sœur (Mon Frère), la raison du destin contrarié de notre Ordre que je ne peux vous représenter encore que par la mort d'Hiram.

Ecoutez également les raisons des questions destinées à vous mettre à l'épreuve et la cérémonielle et imposante obligation à laquelle vous êtes soumis, ainsi que celle de votre vœu de fidélité au plus grand Ordre et à ses secrets.

Vous avez été conduit à reculons dans la Loge des Maîtres et l'avez trouvée dans un deuil profond.

Le décès de notre Maître, et les dégâts déplorables du Temple, le brisement de la belle pierre polie que vous connaissiez auparavant sont pour nous des raisons suffisantes d'un deuil profond.

En cela, souvenez-vous de la nuit et du silence qui couvrent tout avant de connaître la joie de la lumière et de la vie.

Ainsi vous viendra-t-il des pensées fertiles qui ne seront également jamais loin de la vérité.

Vous avez du subir trois examens et ce qui vous a été montré n'a été que mort et squelettes.

Cette coutume nous est parvenue de la plus lointaine antiquité et nos pieux ancêtres ont eu en cela une prémonition tant de notre destin que de nos occupations.

Cependant, ces trois épreuves vous apportent l'accomplissement du nombre neuf, chiffre sacré de notre ordre, chiffre auquel nous devons toute notre origine.

Je peux vous informer maintenant que les neuf étoiles que vous connaissiez et qui vous ont été montrées lors de votre réception y sont rapportées.

Puis, vous avez vu le corps d'un homme abattu, encore tout recouvert de sang.

Nous conservons cette coutume depuis un temps immémorial parce que c'est le signe sûr que celui qui veut se rapprocher de nous n'aura pas été accusé par ses Frères et

Sœurs d'un acte infâme, que vous êtes pur et innocent, et que nous pouvons vous
admettre au sein de notre société en qualité de fidèle membre.
Je ne peux pas encore vous dévoiler ce qui nous en donne l'occasion mais tout cela
vous apparaîtra clairement dans le futur.
Puis, vous avez été soumis à une rude épreuve par notre Vénérable Maître.
Vous avez reçu trois coups et lors du troisième vous êtes tombé à terre.
Vous comprenez sans peine que cette épreuve a une relation avec l'histoire que je
vous ai auparavant racontée.

Par ces trois coups qui vous ont avancé au rang de Maître, vous accomplissez la
maîtrise.
Vous êtes mort.
Vous êtes enterré et vous avez été ramené à la vie selon le dénombrement du chiffre
neuf de notre société.
Ce que vous voyez ici est le cercueil d'Hiram, notre Maître assassiné.
Vous le voyez entouré de flammes.
Remarquez que ce cercueil noir qui se trouve devant vous est à rapporter au deuil et à
la tristesse.
Le tapis blanc dénote l'innocence de notre Ordre et de nos Frères et Sœurs.
Les flammes vous démontrent les deux qualités du feu de notre Ordre.
Une force invincible met tout en poussière.
Dans les ruines désolées nous pouvons encore apercevoir le Temple.
Seule sa puissance divine qui est la puissance de l'amour pur enflamme le cœur de
nos Frères et Sœurs afin de conserver une noble et discrète postérité digne de nos
secrets, d'assurer la reconstruction du Temple et la restauration de l'ancien Ordre.
Sur la façon dont cela se fera et sur toutes les questions que vous pouvez vous poser,
je pourrai bientôt vous donner une explication claire.
Vous voyez encore le cercueil à travers les portes du Temple.
Deux de ces portes sont ouvertes et montrent la liberté qu'à prise nos ennemis d'y
entrer.
Seuls nos secrets sont encore protégés.
Les murs du silence ne sont pas encore abattus.
La dernière porte reste encore fermée et restera à jamais infranchissable à ceux qui
nous sont étrangers.
Vous apercevez ici un corps recouvert du Cassia, ce sur quoi dans l'histoire, il vous a
été donné suffisamment de renseignements.
Nous ne trouvons ici ni soleil ni lune éclairant notre sanctuaire, comme vous les aviez
observés sur le tapis d'Apprenti et Compagnon.
Tout cela décrit le sombre état d'âme dans lequel nous nous trouvons du fait de la
mort de notre Maître et combien nous sommes cachés des hommes qui ne nous
considèrent que par l'aspect extérieur et ne savent pas les durs commandements qui
sont au-dedans de notre Ordre.
Parallèlement, vous évoluez seul.
Observez telle une loi sacrée le fait de ne dévoiler à personne les secrets de notre
Ordre, aussi bien ceux qui ne vous sont plus inconnus que ceux que vous découvrirez

à l'avenir, ne serait-ce que le moindre détail des hiéroglyphes.

La branche verte sous les cendres des ossements peut vous servir de leçon, à savoir qu'après avoir surmonté les plus grandes tempêtes nous pourrons peut-être atteindre le havre de paix tant recherché et retrouver la belle et brillante structure dissimulée sous un voile épais, invisible à nos yeux non encore préparés.

La houppe dentelée que vous voyez en haut vous montre le lien sacré qui unit nos Frères et Sœurs.

Comme elle, nous sommes liés à notre Ordre par un lien fondamental et si soudés entre nous que le plus triste des sorts, oui, les plus grands dangers, même le martyre ou la mort sont incapables de nous séparer de l'Ordre ou de nous faire devenir des traîtres ou des parjures.

Enfin, j'ajoute les devoirs d'un véritable Maître Maçon et souhaite les graver à jamais dans votre cœur et votre mémoire.

Apprenez par ces images le caractère éphémère de toute chose, le mépris de tout ce qui brille et l'espérance d'un avenir splendide.

Faites preuve de maîtrise parfaite et de grandeur d'âme dans les dangers, ne vous laissez pas détourner du droit chemin par de vaines menaces et ne vous écartez pas de la noble vertu.

Allez maintenant en tant que Maître loyal envers vos Frères et Sœurs, montrer votre dévouement, votre attachement à notre Ordre et jouissez d'une bonne réputation par votre exemple.

Faites preuve d'une fidélité inébranlable et de discrétion envers notre Ordre et ses secrets.

Ainsi vous pourrez découvrir ce jour où ces images pourront être ôtées de vos yeux et vous aurez le bonheur de contempler l'Ordre dans tout son éclat.

Je vous le souhaite de tout cœur.

Musique M Réc 9

M∴ des CCér∴   conduit le Frère à sa place.   Il rallume toutes les lumières d'ordre comme à l'ouverture des travaux.   Il éteint les lumières du chandelier et les trois bougies au sol.   Il regagne sa place.

Suite de l'ordre du jour

Fermeture de la Loge

M∴ de Loge   1er Sur∴, l'un ou l'autre des SS∴ & FF∴ a-t-il encore quelque chose à proposer pour le bien de la Loge ou de notre ordre ?

1er Sur∴   Mes SS∴ & mes FF∴ avez-vous encore quelque chose à proposer à pour le bien de la Loge ou de notre ordre ?
        Si un ou plusieurs SS∴ & FF∴ demandent à parler

1er Sur∴   Un (ou plusieurs) Frère(s) (et/ou Sœur) demande (nt) la parole.

M∴ de Loge   1er Sur∴, donnez-lui (leur) la parole.

1er Sur∴   Mon Frère (Sœur), vous avez la parole.   Si plusieurs SS∴ & FF∴ veulent s'exprimer, il leur donne successivement la parole en commençant par le plus proche de l'Orient. Lorsque tous les SS∴ & FF∴ ont parlé, et si leurs propos appellent une réponse.

M∴ de Loge   La réponse sera donnée à la prochaine Tenue.

1er Sur∴   Plus personne ne demande la parole.

M∴ de Loge   Debout, Mes SS∴ & mes FF∴ pour la fermeture de la Loge.

SS∴ & FF∴   se lèvent, dégainent leurs épées, et les tiennent en main droite, pointe vers le sol.

M∴ de Loge   1er Sur∴, quelle heure est-il?

1er Sur∴   Il est minuit sonnant

M∴ de Loge   2nd Sur∴, est-ce l'heure propre pour fermer la Loge?

2nd Sur∴   Oui, c'est l'heure propre.

M∴ de Loge   La réponse sera donnée à la prochaine Tenue.

Puisque c'est l'heure propre, je ferme ainsi cette Loge au nom des Supérieurs des Loges Réunies, par le nombre sacré, avec toutes les marques d'honneur de la Maçonnerie.

M∴ de Loge

1er Sur∴

2nd Sur∴

M∴ de Loge   Mes SS∴ & mes FF∴, la Loge est fermée.

SS∴ & FF∴   rengainent leurs épées et se rassoient pour la fermeture au grade de Compagnon.

Instruction du Grade

01   **D :**   **Etes-vous Maître,**
       R :   Eprouvez-moi, si j'en suis un.

02   **D :**   **Où avez-vous été reçu Maître ?**
       R :   Sur les tombes de mes ancêtres

03   **D :**   **Comment les avez-vous trouvées ?**
       R :   Entourées de flammes

04   **D :**   **Qu'y avez-vous vu ?**
       R :   Une branche verte sur les ossements restants

05   **D :**   **Qu'a-t-on exigé de vous ?**
       R :   L'aptitude à la Maçonnerie et l'endurance

06   **D :**   **Vous-a-t-on éprouvé ?**
       R :   Oui, par de pénibles épreuves

07   **D :**   **Comment vous-a-t-on reçu ?**
       R :   J'étais anéanti et j'ai été tiré du néant

08   **D :**   **Que vous a-t-on appris de plus ?**
       R :   L'histoire des relations d'un Compagnon et l'engagement pris contre le
Maître ; en outre, la démonstration de l'aptitude à la Maçonnerie.

09   **D :**   **D'où venez-vous ?**
       R :   Du matin pour cheminer vers le soir

10   **D :**   **Que voulez-vous y faire ?**
       R :   Chercher ce qui a été perdu et en partie retrouvé

11   **D :**   **Comment vous appelez-vous ?**
       R :   Cassia

12   **D :**   **Savez-vous écrire ?**
       R :   Oui, grâce au compas

13   **D :**   **En quoi consiste la maîtrise ?**
       R :   En cinq points principaux

14   **D :**   **Quels sont-ils ?**
       R :   En la méfiance, car elle est mère de la sûreté
              En la vigilance, ou l'attention
              En l'art de paraître céder, se soumettre en s'accompagnant des effets du
temps
              En la maîtrise à supporter les revers
              En l'aptitude à entreprendre

15   **D :**   **Vers quoi le Maître doit-il aspirer ?**

        R :   A gagner la considération des profanes par son comportement courtois et juste ; et à acquérir l'amour de ses Frères et Sœurs par la pratique maçonnique.

16   **D :**   **En quoi consiste une Loge Parfaite ?**

        R :   Dans le chiffre neuf, mais dirigée par trois Maîtres.

17   **D :**   **Quel est le nombre de Maître ?**

        R :   Trois fois trois

18   **D :**   **Quel est l'emblème du Maître ?**

        R :   Un vaisseau démâté et sans voiles, flottant sur une mer calme avec l'inscription : « In silentio et spe fortitudo mea »

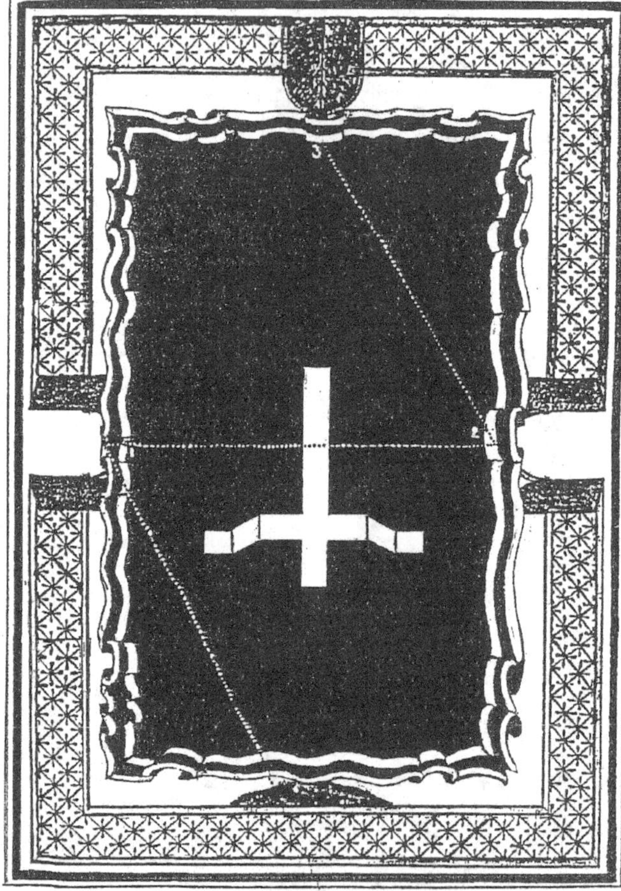

Tapis zum dritten Grad.
1. Das auf Leinwand mit Oelfarben gemahlte Tapis.
2. Der hölzerne schwarz angestrichene Sargdeckel.
3. Das darüber gedeckte schwarze und weiss eingelassne Tuch.
4. Die drei Sprünge bis zum Thaue, wobei N. 3. Querini